Die Schreibweise entspricht den Regeln der neuen Rechtschreibung.

2 3 99 98


Illustration: Jutta Timm
Herausgeber: Gerlinde Wiencirz
Redaktion: Karin Amann
Printed in Germany · ISBN 3-473-33386-7

Jutta Timm

# Leuchte auf, mein Licht

## Martins- und Laternenlieder

gesammelt von Gerlinde Wiencirz

Ravensburger Buchverlag

# *Eine Laterne bastel ich mir*

Text und Melodie:
Gerlinde Wiencirz

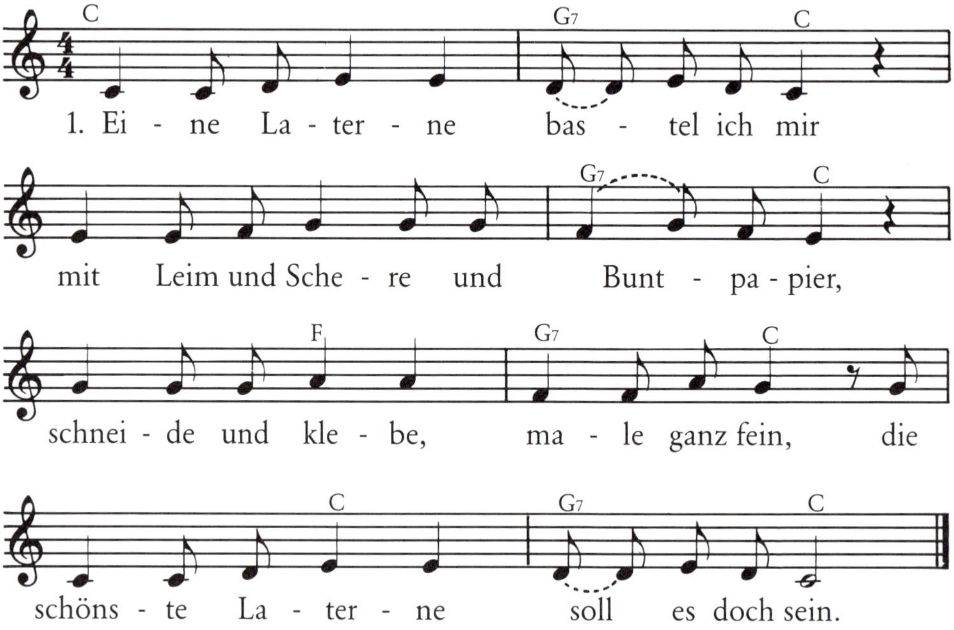


2. Mitten hinein, damit sie leuchten kann,
kommt eine Kerze, ich stecke sie an.
Schau, wie sie leuchtet hell durch die Nacht,
die schönste Laterne habe ich gemacht.

# *Ich geh mit meiner Laterne*

aus Norddeutschland

2. Ich geh mit meiner Laterne …
|: Der Martinsmann, der zieht voran.
Rabimmel, rabammel, rabumm. :|

3. Ich geh mit meiner Laterne …
|: Wie schön das klingt, wenn jeder singt.
Rabimmel, rabammel, rabumm. :|

4. Ich geh mit meiner Laterne …
|: Ein Kuchenduft liegt in der Luft.
Rabimmel, rabammel, rabumm. :|

5. Ich geh mit meiner Laterne …
|: Beschenkt uns heut, ihr lieben Leut.
Rabimmel, rabammel, rabumm. :|

6. Ich geh mit meiner Laterne …
|: Mein Licht ist aus, ich geh nach Haus.
Rabimmel, rabammel, rabumm. :|

# *Durch die Straßen*

Text: Lieselotte Holzmeister
Melodie: Richard Rudolf Klein

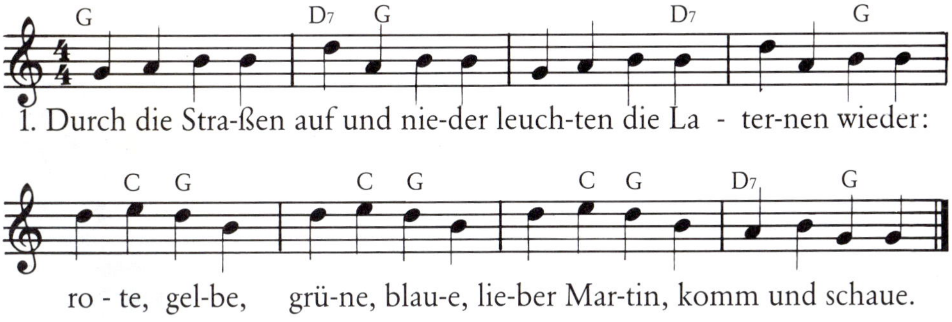


2. Wie die Blumen in dem Garten
blühn Laternen aller Arten:
rote, gelbe, grüne, blaue,
lieber Martin, komm und schaue!

3. Und wir gehen lange Strecken
mit Laternen an den Stecken:
rote, gelbe, grüne, blaue,
lieber Martin, komm und schaue!

# *St. Martin ritt durch Schnee und Wind*

volkstümlich

2. Im Schnee saß, im Schnee saß,
im Schnee, da saß ein armer Mann,
hat Kleider nicht, hat Lumpen an.
„Oh, helft mir doch aus meiner Not,
sonst ist der bittre Frost mein Tod!“

3. Sankt Martin, Sankt Martin,
Sankt Martin zog die Zügel an,
das Ross stand still beim armen Mann.
Sankt Martin mit dem Schwerte teilt
den warmen Mantel unverweilt.

4. Sankt Martin, Sankt Martin,
Sankt Martin gab den halben still,
der Bettler rasch ihm danken will.
Sankt Martin aber ritt in Eil
hinweg mit seinem Mantelteil.

5. Sankt Martin, Sankt Martin,
Sankt Martin legt sich still zur Ruh,
da tritt im Traum der Herr hinzu.
Der spricht: „Hab Dank, du Reitersmann,
für das, was du an mir getan!“

**Martin** wurde vor langer Zeit, im Jahre 316, in Ungarn geboren. Sein Vater war römischer Soldat, und so wuchs Martin in Italien auf. Auch Martin wurde mit 15 Jahren Soldat und gehörte zu den Gardereitern des Kaisers Konstantin. Seine Garnison lag in Frankreich.

An einem bitterkalten Abend kehrte er einmal von einem Ausritt in seine Unterkunft zurück. Da sah er vor dem Stadttor einen Bettler kauern. Der Mann war kaum bekleidet und fror erbärmlich. Ohne zu zögern nahm Martin seinen warmen Soldatenmantel, teilte ihn mit seinem Schwert und gab dem Bettler eine Hälfte. Ihn kümmerte nicht, dass er wegen des kaputten Mantels große Schwierigkeiten bekommen könnte.

Mit 18 Jahren ließ Martin sich taufen und trat aus dem Heer aus, weil er ganz für seinen Glauben leben wollte. Er schloss sich der Kirche an, und bald schon gründete er ein Kloster, das erste in Gallien. Es folgten noch viele andere.

Als Martin zum Bischof von Tours gewählt werden sollte, versteckte er sich, denn er wollte das hohe Amt nicht annehmen. Doch Gänse in der Nähe seines Verstecks schnatterten so laut, dass man ihn bald fand. Nach langem Zögern willigte er schließlich ein und wurde Bischof.

Sein Leben lang blieb Martin bescheiden und half vor allem den Armen. Immer wieder unternahm er weite Reisen, um den Leuten von Christus zu erzählen. Auf einer dieser Reisen starb er im Jahre 397. Mehr als 2000 Mönche trugen ihn zu Grabe. Über seinem Grab wurde eine Kapelle gebaut.

Heute feiern wir am 11. November den Martinstag und erinnern uns an seine Hilfsbereitschaft und Nächstenliebe. Bei Laternenumzügen werden Martinslieder gesungen, man spielt die Mantelteilung nach und teilt Brot untereinander.

Kinder gehen mit oft selbst gebastelten Laternen von Haus zu Haus und bekommen für ihr Singen kleine Gaben. Martinsgänse werden verlost und es wird Martinsgebäck gebacken.

# *Martin, Martin*

aus Erfurt

2. Martin, Martin, Martin ritt durch den dunklen Wald.
Wind, der wehte bitterkalt.
Saß am Weg ein Bettler alt,
wäre gar erforen bald.

3. Martin, Martin, Martin hält und unverweilt
seinen Mantel mit ihm teilt.
Ohne Dank er weitereilt.
Bettlers Not war jetzt geheilt.

4. Martin, Martin, Martin war ein frommer Mann.
Stimmt ihm frohe Lieder an,
dass er oben hören kann,
was er unten hat getan.

# *Laterne, Laterne*

volkstümlich

2. Laterne, Laterne …
Sperrt ihn ein, den Wind,
sperrt ihn ein, den Wind,
er soll warten, bis wir zu Hause sind.

3. Laterne, Laterne …
Bleibe hell, mein Licht,
bleibe hell, mein Licht,
sonst strahlt meine liebe Laterne nicht.

# *Schere, Klebstoff und Papier*

Text und Melodie:
Rudi Mika

2. Meine ist recht ungewohnt,
gleicht sie denn nicht dem vollen Mond?
Fensterläden braucht sie nicht,
dafür trägt sie ein Gesicht.
Noch ein Lichtlein mit hinein.
Dies soll meine Laterne sein!

3. Bunte Streifen aus Papier,
meine Laterne wird ein Tier.
Ohren, Nase und ein Mund,
und der Kopf ist kugelrund.
Noch ein Lichtlein mit hinein.
Dies soll meine Laterne sein!

4. Die Laterne hab ich gern,
denn meine ist ein kleiner Stern,
Glitzerschnee mit Gold bemalt.
Schaut nur, wie sie glänzt und strahlt.
Noch ein Lichtlein mit hinein.
Dies soll meine Laterne sein!

5. Wenn wir dann zum Umzug gehn,
können wir alle leuchten sehn.
Mond und Sterne und das Haus,
alle sehen festlich aus.
Und die Lichtlein brennen fein.
Dies soll'n unsre Laternen sein!

# *Laterne, Laterne, ich schau dich gern an*

Text und Melodie:
Klaus W. Hoffmann

2. Laterne, Laterne, dein Mund lächelt stumm,
|: wie eine Banane, so gelb und so krumm. :|

3. Laterne, Laterne, dein Näschen ist klein,
|: schaut aus wie ein knallroter Kieselstein. :|

4. Laterne, Laterne, und Augen hast du
|: wie glitzernde Knöpfe, sie funkeln mir zu. :|

5. Laterne, Laterne, die Ohren schau'n aus
|: so wie die Antennen auf unserem Haus. :|

6. Laterne, Laterne, du hast buntes Haar,
|: das leuchtet im Kerzenschein ganz wunderbar. :|

# *Leute, löscht die Lichter aus*

Text und Melodie:
Bernd Kohlhepp

2. Feuerzeuge, Taschenlampen
kann man heut auch mal verschlampen.
All das braucht man heute nicht,
wir haben ja Laternenlicht.
Li-La-Laternenlicht …

3. Straßenlampen an den Wegen,
ihr seid heut ganz ungelegen.
Nur der Mond scheint mit den Sternen
und mit unsren Leuchtlaternen.
Li-La-Laternenlicht …

4. Wer uns leuchten sehen kann,
schließe sich gleich hinten an.
Unser Zug soll sich verlängern
mit lauter Leuchtlaternensängern.
Li-La-Laternenlicht …

# Martinsbrötchen

150 g Quark, 75 g Zucker, 1 Päckchen Vanillezucker,
1 Prise Salz, 6 Esslöffel Öl, 4 Esslöffel Milch, 300 g Mehl,
1 Päckchen Backpulver, 1 Eigelb

Quark mit Zucker, Vanillezucker, Salz, Öl und Milch
verrühren.
Mehl und Backpulver mischen und über die Quarkmasse
sieben, schnell zu einem geschmeidigen Teig verkneten.
Kleine Brötchen formen und auf ein gefettetes Backblech legen.
Brötchen mit Eigelb bepinseln.
Bei 190 Grad 15 – 20 Minuten backen.

# Martinsmänner

500 g Mehl, 100 g Zucker, 2 Eier, 1 Prise Salz, $^1/_8$ l Milch,
120 g Butter, 30 g Hefe, Rosinen
Zum Bestreichen: 3 Esslöffel Milch, 1 Eigelb

Mehl, Zucker, Eier, Salz in eine Schüssel geben.
Milch und Butter erwärmen, sodass die Butter schmilzt.
Abkühlen lassen, bis die Flüssigkeit lauwarm ist.
Hefe in die Milch bröckeln, verrühren. Die Hefemilch in die Schüssel geben und alles zu einem glatten Teig kneten.
Zugedeckt 20 Minuten gehen lassen.
Teig nicht zu dünn ausrollen. Martinsmänner mit Hilfe einer Schablone ausschneiden. Figuren auf ein eingefettetes Backblech legen. Milch und Eigelb verrühren, die Figuren damit bestreichen.
Rosinen als Augen, Mund und Knöpfe draufdrücken.
Ca. 20 Minuten bei 200 Grad backen.

# *Dä hellje Zinte Mäetes*

aus dem Rheinland

2. Dä hellje Zinte Mäetes,
dä kütt och hück zu us,
dröm go ’mer met de Fackele,
et freut sich Kleen un Gruus.
Butz, butz, widde butz …

# *Du, lieber Martin*

Text: Thomas Laubach
Melodie: Thomas Quast

2. Du, lieber Martin, hilf,
dass wir auch heute handeln
und diese Welt verwandeln
|: wie du in deiner Zeit. :|

3. Du, lieber Martin, komm,
es gibt so viel zu tun,
da dürfen wir nicht ruhen,
|: wir helfen so wie du. :|

4. Du, lieber Martin, nimm
uns jetzt an beiden Händen,
dass wir das Elend wenden
|: bei uns und nebenan. :|

5. Du, lieber Martin, komm,
dass wir das Teilen wagen
und allen damit sagen:
|: Gott hat die Menschen lieb. :|

# *Ich hab eine feine Laterne*

Text und Melodie:
Horst Weber

2. Ich trag meine feine Laterne
ganz ruhig vor mir her;
Ich hab sie ja so gerne,
sie wird mir nicht zu schwer.
Laternenlicht …

# *Sankt Martin ist schon wieder hier*

volkstümlich

2. Sankt Martin war ein guter Herr,
lauft, Kinder, lauft.
Er hat die Kinder alle gern,
lauft, Kinder, lauft.
Und die Leuchte in der Hand …

3. Sankt Martin ist für heut getan,
lauft, Kinder, lauft.
Drum müssen wir nach Haus jetzt gehn,
lauft, Kinder, lauft.
Und die Leuchte in der Hand …

# *Das war ein toller Laternenumzug*

Text und Melodie:
Klaus W. Hoffmann

2. Das war ein toller Laternenumzug!
Sankt Martin, er ritt uns voran
|: auf schneeweißem Pferd und hat Brezeln verteilt,
die nahm jedes Kind dankend an. :|

3. Das war ein toller Laternenumzug!
Der Mond, hoch am Himmel, schaut zu.
|: So leucht' heut Abend uns heim, lieber Mond!
Die schönste Laterne bist du! :|

# Quellennachweis

Der Nachdruck folgender Beiträge erfolgte mit freundlicher Genehmigung der Verlage, denen wir an dieser Stelle danken möchten.

Falls noch Urheberrechte bestehen, die wir nicht ermitteln konnten, bitten wir die Rechtsinhaber, sich mit dem Verlag in Verbindung zu setzen.

*Durch die Straßen auf und nieder*
Text: Lieselotte Holzmeister,
Melodie: Richard Rudolf Klein

*Ich hab eine feine Laterne*
Text und Melodie: Horst Weber

Quelle:
Martins- und Laternenlieder
© Fidula Verlag, Boppard/Rhein und Salzburg

*Du lieber Martin*
Text: Thomas Laubach,
Melodie: Thomas Quast

Quelle: Martinslieder 1988
© tvd Verlag, Düsseldorf

*Schere, Klebstoff und Papier*
Text und Melodie: Rudi Mika

*Laterne, Laterne, ich schau dich gerne an*
Text und Melodie: Klaus W. Hoffmann

*Leute, löscht die Lichter aus*
Text und Melodie: Bernd Kohlhepp

*Das war ein toller Laternenumzug*
Text und Melodie: Klaus W. Hoffmann

© AKTIVE MUSIK
Verlagsgesellschaft mbH, Dortmund